A turma da Dódi
e suas aventuras musicais

TEXTO
Sonia R. Albano de Lima

ILUSTRAÇÕES
Flavio Roberto Mota

São Paulo

MUSA EDITORA

2015

Biblioteca Aula / Musa Música / Série Educação Musical / volume 4
Copyright © Sonia R. Albano de Lima, 2015

AUTORA
Sonia Regina Albano de Lima

REPERTÓRIO MUSICAL
Sonia R. Albano de Lima, Heliomar Manzo
e Flavia Albano de Lima

EDIÇÃO MUSICAL E PARTITURAS
Alexandre Trajano

CURADORIA MÚSICO-PEDAGÓGICA
Sonia R. Albano de Lima, Heliomar Manzo
e Maria Cecilia Soares

PORTAL DE ACESSO AOS EXEMPLOS DE ÁUDIO
www.sabermusical.com.br/
mundosonoro/aturmadadodi

REVISÃO
Equipe Musa | Sonia R. Albano de Lima

PROJETO GRÁFICO E DIAGRAMAÇÃO
Zellig | www.zellig.com.br

ILUSTRAÇÕES
Flavio Roberto Mota

CRIAÇÃO DO PORTAL SABER MUSICAL
Medida Digital | www.medidadigital.com.br

Da autora, na mesma série Educação musical:
A Abelhinha Harmonia e os intervalos musicais

Dados Internacionais de Catalogação na Publicação (CIP)
Bibliotecária Juliana Farias Motta CRB7- 5880

L732t   Lima, Sonia Regina Albano de.
         A turma da Dódi : e suas aventuras musicais / Sonia Regina Albano de Lima;
         Ilustrações de Flavio Roberto Mota. – São Paulo : Musa, 2015.

         88 p. : principalmente il color . ; 21 X 25 cm
         (Biblioteca Aula, Musa Música, série Educação Musical, v. 4)

         ISBN: 978-85-7871-021-7
         1.Música – Literatura infantojuvenil brasileira.2. Instrumentos musicais Literatura
         infantojuvenil brasileira.3. Iniciação musical. 4. Educação musical. I.Mota, Flavio
         Roberto, ilus. II. Título. III. Título : e suas aventuras musicais.IV. Série : Biblioteca
         Aula, Musa Música, série Educação Musical, v. 4

                                                           CDD 808.899282
                                                              781.91

Índice para catálogo sistemático: 1. Música – Literatura infantojuvenil brasileira / 2. Instrumentos
musicais – Literatura infantojuvenil brasileira / 3. Iniciação musical / 4. Educação musical

Todos os direitos reservados. Impresso no Brasil, 1ª edição, 2015.

MUSA
EDITORA

Musa Editora Ltda.
Tel./fax (5511) 3862-6435 | 99354-3700
musaeditora@uol.com.br
www.musaambulante.com.br
www.musaeditora.com.br | Facebook.com/MusaEditora | Twitter.com/MusaEditora

SUMÁRIO

BRINCANDO COM OS SONS — 4

ORGANIZANDO OS SONS — 18

OS SONS NA PARTITURA — 28

AS NOTAS MUSICAIS — 38

AS NOTAS NAS CLAVES — 50

CONSTRUINDO INSTRUMENTOS DE PERCUSSÃO — 64

MOVIMENTANDO O CORPO — 72

UMA APRESENTAÇÃO MUSICAL IMPROVISADA — 78

EXEMPLOS MUSICAIS, visitar portal
www.sabermusical.com.br/mundosonoro/aturmadadodi
ou pelo link no site www.musaeditora.com.br

BRINCANDO COM OS SONS

ÁUDIO 1

Dódi e Solé passam suas férias de julho no Rancho da vó Dindá. Eles adoram esse lugar. Podem andar livremente pelas redondezas, tomar banho de cachoeira, pescar, subir nas árvores, colher as frutas maduras, dar comida para os animais, correr com suas bicicletas, andar de balanço, encontrar os amigos Fauê, Lada e Miaû, além de brincar com o cão Fuça que os acompanha em todas as peripécias. Essa liberdade que eles não encontram na cidade é acompanhada pelo carinho da vovó que sempre satisfaz suas vontades.

Nessas férias trouxeram também os amigos Renê e Siri. Eles adoram andar de bicicleta, correr de skate, jogar videogame, brincar com seus smartphones, seus tablets, subir em árvores, rodar pião, empinar pipas, andar a cavalo e dar comida para os animais. São raros os dias em que essa turminha não passa o dia inteiro fazendo arte.

Vó Dindá, preocupada com as crianças, colocou vários colchões no quarto dos netos, pois já sabe que, conforme as brincadeiras do dia, as crianças adormecem por lá mesmo.

O Zé Tião, caseiro do Rancho, com o seu furgão velho, sempre que possível acompanha-os até a vila próxima para que eles possam comprar seus doces preferidos, suas quinquilharias, material para as pipas, tomar sorvete e ir até as quermesses nos finais de semana. Os quitutes da vovó Dindá são deliciosos, a casa é ampla e, por conta disso, eles não precisam se preocupar com os móveis, os enfeites, os utensílios da cozinha, nem se sentirem trancados entre quatro paredes como habitualmente acontece em São Paulo e nas cidades grandes. Durante a noite podem brincar com seus videogames, assistir aos seus desenhos preferidos, contar estrelas e fazer seus pedidos, ouvir o coaxar dos sapos e correr pelo gramado da casa com o cão Fuça.

Por mais que existam lugares maravilhosos no mundo, é na casa da vovó Dindá que eles se sentem realmente felizes.

Nesse momento as crianças brincam na frente do Rancho. Solé e Renê estão com seus skates; Dódi equilibra-se no balanço; o cão Fuça corre pelo jardim em busca de ossos.

Miaû cria seus bonecos de argila; Fauê empina sua pipa; Lada faz comidinha com as plantinhas colhidas nos arredores; Siri brinca com o seu pião.

Cansados dessas atividades, resolvem andar de bicicleta pelos arredores.

– Vó, nós vamos andar de bicicleta com a turma. – Disse Solé.

– Tudo bem, mas levem o Fuça e não se afastem muito do Rancho. Ah! Cuidado com os bichos e voltem antes de escurecer. Outra coisa, não comam plantas que vocês não conhecem porque elas podem ser venenosas.

– Tá certo vó. – Falou Solé.

Lá com seus botões ele pensa:
– Coitada da vovó, ela sempre fala a mesma coisa. Será que ela não se cansa?

Vó Dindá dirige-se para Miaû e diz.
– Miaû, você que é mais ajuizado, cuide de todos.

– Pode deixar, vó Dindá.

Vovó Dindá, por sua vez, pensa alto.
– Ah! Até parece que ele vai cuidar desses sapecas!

7

ÁUDIO 3

Correndo em ritmo frenético
pelos campos da redondeza,
as crianças, de repente,
ouvem um canto ao longe.

Aproximam-se do lugar e avistam
uma linda jovem cantando e
escrevendo na varanda de sua casa.
Tinha cabelos longos e uma voz
suave que os encantou.
Parecia tão amiga!

Ressabiados eles se esconderam
entre as árvores, mas Fuça corre até
a jovem abanando o rabinho. Rindo
ela o toma nos braços e ele se
aninha alegremente no colo dela.

Depois de algum tempo
ele pula para o chão,
puxando a jovem pela roupa,
até as crianças.
Ao avistá-los, a jovem convida-os
a se aproximarem.

– Não tenham receio.
Vamos chegando.
Vocês não estão de férias
no Rancho da D. Dindá?
Eu sou Muska – amiga dela.

Sou musicista, moro nesse Rancho
há anos. Vocês podem me dizer
os seus nomes?

Menos assustados, eles se
apresentaram e acompanharam
a jovem até a varanda.
Siri, muito curioso, percorre a
mesa para ver o que estava escrito
naqueles cadernos.

– Que engraçado! Minha mãe tem uma porção dessas músicas. Ela toca violino. Os livros dela são iguais a esses.

– A vovó também tem essas músicas. Ela toca piano. – Observou Solé.

ÁUDIO 4

– Eu sei, ela já me acompanhou em apresentações musicais aqui em casa.

– É difícil aprender música? – Suspirou Solé.

ÁUDIO 5

– Nem tanto. Temos que aprender um pouco de cada vez – primeiro os sons, depois as notas, o ritmo, os instrumentos, e assim vai. Quando menos se espera, estamos sabendo música.

– Como aprendemos os sons?

– Nós estamos rodeados de sons, apenas não nos preocupamos com eles. Temos os sons da natureza: o som da água, do vento, das folhas das árvores, do fogo, da cachoeira. Temos os sons dos animais, como o canto dos passarinhos, o coaxar das rãs, os sons dos insetos, dos animais aquáticos, o latido do cachorro. Temos os sons humanos produzidos pelo nosso corpo e pela nossa voz – palmas, gritos, sussurros, batida dos pés, assobios, o canto. Temos, ainda, os sons mecânicos – o som do carro, do computador, da bicicleta, da máquina de lavar, o som dos instrumentos.

ÁUDIO 6 🔊

– Que legal! Brincar com os sons deve ser bem divertido. – Encantou-se Lada.

– É verdade, nós podemos imitar quase todos os sons com a nossa voz, ou com os instrumentos musicais e assim eles podem se transformar em sons musicais. – Acrescentou Muska. – Os compositores fazem isso com frequência. Vocês gostariam de realizar essa atividade? Peguem essas folhas de papel e lápis. Basta seguirmos o Fuça. Olhem como ele corre de um lado para o outro explorando o ambiente. Vamos fazer o mesmo em silêncio, assim poderemos ouvir os sons da redondeza. Quem será que vai anotar a maior quantidade de sons?

Mais do que depressa as crianças iniciam a brincadeira. Caminham silenciosamente ao redor da casa e anotam tudo o que ouvem. Fuça logo percebe o que está acontecendo e auxilia a turma apontando para os locais onde os sons são mais difíceis de serem ouvidos. Ao retornarem, formam uma roda na varanda da casa para reproduzir os sons que haviam coletado. Miaû ganhou o jogo.

– Agora podemos compor uma musiquinha com esses sons. Há algum tempo, meus amigos e eu fizemos uma música que recriava os sons produzidos pelos moradores de uma casa logo que acordavam. Reproduzimos os sons dos bocejos, o ranger da cama e da porta do banheiro, o "Bom dia" dos amigos, o barulho dos passos no assoalho, o barulho da água da torneira. Ficamos felizes com essa produção sonora. Quando apresentamos a música para os ouvintes, eles riram muito.

– Nós podemos fazer o mesmo, não? – Propôs Fauê.

– Sem dúvida, criamos um roteiro contendo a sequência dos sons utilizados que irão encenar a história. É muito divertido! – Exclamou Muska. – Imaginem os sons que vocês poderão ouvir nestas duas paisagens – um circo e um estádio de futebol.

As crianças entre gargalhadas e muita gritaria começam a imaginar e reproduzir os sons contidos nas paisagens e mais que depressa organizam um roteiro. Neste mapa sonoro constavam os sons dos passarinhos, do vento, da roda-gigante, da criançada brincando nas barraquinhas, os gritos dos torcedores, o barulho da bola percorrendo o gramado, o som das garrafas de refrigerante, e muitos outros. Eles também fizeram uma porção de desenhos acompanhando esse roteiro.

– Ótimo! – Aprovou Muska. – Tudo ficou muito bom. Viram como é importante escrever o roteiro?

– É mesmo. Se não tivéssemos feito isso, não teríamos como reproduzir nossos sons. – Concluiu Lada. O mais divertido é que pudemos trabalhar todos juntos. Isso é muito engraçado.

– Na música quase sempre podemos trabalhar em conjunto e nesses casos temos que respeitar as opiniões de cada um dos participantes.

Foi Zé Tião quem interrompeu a brincadeira com seu furgão velho, feliz por ter encontrado a turma.

– Gente, a vó Dindá está preocupada. Vocês sumiram! Corri todo o Rancho, ainda bem que vocês vieram para a casa da Muska.

– Você também conhece a Muska, Tião? – Perguntou Miaû.

– Claro que conheço, ela é amiga da vó Dindá. Eu sempre venho aqui para trazer verduras e frutas do Rancho. Você está bem, Muska? Desculpe a pressa, mas eu tenho que levar esses sapecas o mais rápido possível, senão a vó Dindá vai enfartar.

– Tudo bem, Tião, parece que a turma se divertiu. Voltem sempre que quiserem, está bem? Agora ajudem o Tião a colocar as bicicletas no carro.

ÁUDIO 7

Quando a turma se afastou, Muska ficou feliz de ter conhecido a criançada e pensou que se eles voltassem ela poderia ensinar muita coisa. De repente começou a rir sozinha, pois sua mania de ser professora de música não a abandonava nunca.

Com o auxílio da criançada, Zé Tião junta as bicicletas, o cão Fuça e caminha em direção ao Rancho. Vó Dindá aflita já os esperava no jardim. Quando os viu chegando, suspirou aliviada.

– Crianças, crianças,
vocês vão me deixar louca.
Por que demoraram tanto?

ORGANIZANDO OS SONS

ÁUDIO 8

No dia seguinte, na cozinha da vovó Dindá o barulho corria solto. As crianças batiam os talheres na mesa com ritmos variados; abriam e fechavam a geladeira, as torneiras e o fogão elétrico; emitiam sons com a boca, com os pés, batiam palmas, sapateavam no ladrilho e tentavam reproduzir esses sons da melhor forma possível. Vovó Dindá lá com seus botões pensava.

– Meu Deus, por onde essas crianças andaram para fazer tanto barulho? Elas voltaram mais aceleradas ainda da casa da Muska. Estou surda de tanto barulho. Vou ver o que eles estão fazendo, porque senão eles vão colocar fogo na casa.

– Oi crianças, que barulheira! Coitado do Fuça, o barulho é tanto que ele foi se esconder embaixo do armário! Por que todo esse alvoroço? Como foi ontem na casa da Muska?

– Vó, ela é muito legal. Nós aprendemos tudo sobre os sons. A senhora quer ouvir alguns?

– Não, não, eu já estava ouvindo lá da sala. Não é necessário.

Mesmo assim as crianças de uma só voz e num só segundo começam a emitir todos os sons que aprenderam. Vó Dindá atordoada reclama:
– Meu Deus, vocês não precisam fazer tanto barulho. O Fuça está ficando assustado!

– É que nós queremos fazer uma música para mostrar para a Muska hoje à tarde. O Zé Tião prometeu nos levar até lá de novo. – Disse Dódi.

– Certo, mas não seria mais acertado vocês se organizarem para realizar esta tarefa?

— É! Mas nós não estamos conseguindo, vó. Ontem a Muska nos ajudou. – Interveio Fauê desenxabido. Nós ouvimos uma porção de sons, ela nos ajudou a fazer um roteiro e tudo ficou tão bonito. Hoje nós não estamos conseguindo fazer isso.

— Então eu vou ajudá-los. Peguem 8 (oito) garrafas vazias no quintal. Vou colocar em cada uma delas uma quantidade de água e vocês vão perceber que cada garrafa produzirá um som diferente ao contato da faca. Com esse material vocês poderão fazer muita música.

As crianças mais do que depressa foram buscar as garrafas e D. Dindá encheu cada uma com uma quantidade de água diferente. Depois com uma faca percorreu uma a uma. As crianças ficaram entusiasmadas com os sons obtidos.

— Esses sons não são mais agradáveis do que aqueles que vocês estavam produzindo? – Perguntou vovó Dindá.

Solé, mais do que depressa argumentou:
— Mas ontem nós ouvimos muitos sons diferentes e a Muska nos ajudou a fazer músicas bem bonitinhas também.

ÁUDIO 9

– Eu imagino que sim, mas vocês não podem apenas coletar e reproduzir sons sem organizá-los. Vocês já imaginaram ouvir o barulho de um trovão por muito tempo, uma campainha tocando por mais de uma hora? Com certeza vocês vão ficar irritados. Na natureza, por exemplo, tudo é muito equilibrado, organizado, tudo tem um tempo certo para acontecer. As coisas não surgem do nada. Na música acontece o mesmo, temos que escolher os sons que combinam entre si, planejar quais serão reproduzidos, juntar sons fortes com sons fracos, sons que duram mais com aqueles que duram menos a fim de manter o equilíbrio musical. Por isso é importante a organização. Quando vocês formam uma frase, primeiro escolhem as letras que vão criar as palavras, depois as palavras que vão formar a ideia ou a frase que vocês querem expressar. Com a música acontece o mesmo. Eu escolho alguns sons, depois eu ordeno cada um deles até formar uma música agradável. Se eu não fizer isso, tudo fica muito bagunçado – uma barulheira como essa que vocês estão fazendo na minha cozinha.

– Mas a Muska pediu para nós separarmos os sons mecânicos, os sons dos animais, os humanos e os sons da natureza. – Disse Renê.

– Ela está certa, vocês precisam treinar a audição, reconhecer as diversas espécies de som, para depois escolher aqueles que vão mais ao encontro da ideia musical que vocês vão reproduzir. Vocês têm que verificar quais são graves, quais são agudos, quando são fracos, quando são fortes; quando duram mais, quando duram menos. Para criar uma música vocês precisam organizar os sons. Vamos ao piano para vocês perceberem as diferenças de um som para outro.

Vovó Dindá por um bom tempo tocou diversos sons no piano – fracos e fortes; ÁUDIO 10

agudos e graves; ÁUDIO 11

longos e curtos e pedia para a criançada classificá-los. ÁUDIO 12

Depois de um bom tempo, ela disse:
– Os compositores musicais armazenam vários sons em seus cérebros e depois reproduzem esses sons em suas composições. Que tal vocês gravarem alguns sons do jardim, dos animais, das árvores?

– É! Bem pensado. – Falou Siri. Vamos gravar esses sons e mostrar para a Muska. Nós também podemos gravar as musiquinhas que faremos nas garrafas. Que vocês acham?

– Tudo bem. Eu vou tocar no piano uma musiquinha que ensinei para os meus netos e vocês vão procurar executá-la nas garrafas d'água. Depois eu vou fazer o meu tricô. – Encerrou vó Dindá.

Após gravar alguns sons da natureza, foram brincar com as garrafas d'água inventando mil musiquinhas. Só depois tentaram executar a musiquinha da vovó Dindá. Por mais que tentassem era difícil memorizar o som das garrafas. Renê então teve uma ideia.

CAI, CAI, BALÃO

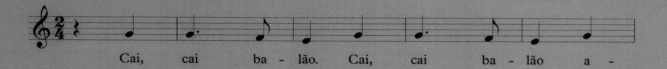

— Gente, e se nós numerarmos as garrafas?

— Para quê? — Perguntou Miaû.

— Ora, colocando um número nas garrafas nós podemos escrever a sequência de garrafas utilizadas. É só indicar o número das garrafas no papel. — Concluiu Renê.

— Bem pensado. Vamos então numerar as garrafas da forma como a vovó deixou. — Acrescentou Solé.

As crianças numeraram as garrafas e à medida que escolhiam os sons por elas produzidos, escreviam o número da garrafa em um papel. Terminada a tarefa, gravaram a melodia e foram mostrar o papel com os números e a melodia para a avó.

— Vó, a nossa música ficou bonita? — Perguntou Dódi. Nós colocamos um número em cada garrafa e depois procuramos os sons que formavam a musiquinha que você nos ensinou.

5 5 4 3
5 5 4 3
5 6 5 4 3 2
2 3 4 2 3 4 2 3 4
5 6 5 4 3 2 1

Quando a gravação terminou, vó Dindá disse:
– Que beleza, meus parabéns. Vejam, esta música tem começo, meio e fim. Não é uma sequência de sons jogados. Vocês pensaram em cada som, ligaram um som ao outro e ainda inventaram uma forma de escrever esta música no papel. Muito bom, a Muska vai ficar feliz.

– Foi o Renê quem inventou essa escrita. – Revelou Dódi. Ele sempre tem boas ideias. Se não tivéssemos feito isso, não teríamos conseguido tocar essa música.

– Ótimo. É para isso que servem as partituras. Elas guardam as nossas ideias musicais.

Fauê perguntou:
– O que é partitura?

– É o papel onde escrevemos a música. – Ensinou a avó. – Música escrita e partitura são a mesma coisa. Vocês podem inventar mais músicas com essas garrafas. Vocês podem fazer uma música mais séria, outra alegre, uma mais rápida, outra mais lenta.

Vamos ouvir uma música alegre   ÁUDIO 14

Agora vamos ouvir uma música triste   ÁUDIO 15

uma música rápida   ÁUDIO 16

outra mais lenta   ÁUDIO 17

— A música de vocês é lenta ou rápida?

— Nem lenta, nem rápida, é alegre.

— Vocês podem me dizer se tocaram um som de cada vez, ou vários sons de uma só vez?

— Por quê? Nós podemos tocar vários sons juntos? — Surpreendeu-se Miaû.

— Sim, podemos tocar dois, três ou mais sons juntos e também tocar um som de cada vez. Vejam esses sons no piano.

ÁUDIO 18

ÁUDIO 19

— Quanta coisa nós podemos fazer com os sons! — Animou-se a menina Lada.

— É verdade, Lada. Podemos usar os sons de diversas maneiras. Mas agora vocês vão tomar banho, almoçar e depois o Tião vai levá-los à casa da Muska.

25

— Que bom! Eu adoro a comida da vó Dindá. Ela faz uns doces deliciosos. Dá água na boca só de pensar. — Festejou Lada.

— É verdade, mas temos que correr para não nos atrasarmos. — Recomendou Siri, sempre com sua mania de ditar regras e seguir horários.

As crianças não viam a hora de estar com a jovem, mesmo assim pediram para a vó Dindá fazer uns sanduíches e refrescos para o lanche da tarde. Puseram tudo numa cesta, pegaram seus tablets, a música gravada, o Fuça, e caminharam em direção ao furgão velho do Zé Tião. Ao chegarem à casa de Muska ela estava cantarolando.

ÁUDIO 20

— Que bom que vocês chegaram. Meu Deus, quanta coisa vocês trouxeram! O que temos nesse cesto?

— O lanche da tarde; a vovó Dindá preparou tudo. — Contou Dódi.

— Ótimo. Vai ser divertido. Eu vou escolher as músicas que vamos ouvir, separar os copos, os pratinhos e os garfos que vamos usar. Vocês trouxeram a comida do Fuça? — Perguntou Muska.

— Ele come a nossa comida mesmo. A vovó insiste em dar ração para ele, ela não entende que ele gosta mesmo é de comer a nossa comida. — Respondeu Solé.

— Então, vamos acomodar isso na cozinha para darmos início ao nosso aprendizado.

ÁUDIO 21

OS SONS NA PARTITURA

ÁUDIO 22

Enquanto a turma ajudava a jovem a guardar o lanche da tarde, Lada se antecipa:
– Muska, nós gravamos alguns sons do jardim da vovó e uma música para você ouvir.

– Que maravilha! Vamos ouvir, então.

Quando a gravação acabou, a jovem disse:
– Mas que progresso!

– Nós gravamos esta música com 8 garrafas d'água que a vó Dindá preparou. Cada uma tinha um som diferente. Ficou legal, não? Chama-se *Cai cai balão*. Disse Solé.

– E quem inventou essa escrita com números?

– Foi o Renê. – Revelou Solé.

– Muito bom, mas que tal vocês colocarem esses sons dentro de uma partitura?

– Isso deve ser muito complicado! Tem muito som. – Preocupou-se Siri.

– Nem tanto, Siri. Na verdade os sons que vão para as partituras são poucos.

– Como assim? – Indagou Fauê.

– Quase todos os sons podem se transformar em música. – Ensinou Muska. Com a música eu posso criar imagens, sentir emoções. Tem pessoas que ao ouvir determinada música pensam numa cor, criam uma paisagem, outras sentem odores, têm vontade de dançar, cantar, pular. Algumas pessoas ficam mais alegres, outras mais tristes com determinada música, outras choram porque se lembram de alguém que está longe. A música tem esse poder. Vamos ouvir algumas músicas e cada um de vocês vai me dizer o que sentiram, certo?

– Algumas músicas imitam o som do relógio, o sino da igreja, o som da máquina de escrever, os sons da natureza, dos animais. Vamos ver que som essas músicas reproduzem. As crianças, à medida que ouviam as músicas, comentavam:

– Que legal! Essa música se parece com o som de uma máquina de escrever.

ÁUDIO 23

– Essa é igual ao relógio da casa da vovó.

ÁUDIO 24

– Olha, essa tem o barulho do vento.

ÁUDIO 25

Solé interrompeu a atividade dizendo:
– Que engraçado. Eu nunca pensei que a música pudesse fazer isso. Muska, mas se ela é capaz de fazer tudo isso, por que você disse que os sons escritos nas partituras são poucos?

– Solé, nós podemos reproduzir inúmeros sons na música, mas temos apenas sete que vão escritos nas partituras: Dó, Ré, Mi, Fá, Sol, Lá e Si. Quando eles estão escritos na partitura são chamados de notas musicais. Vejam as teclas brancas do piano. Cada uma delas representa um som. Esta é a nota Dó, a outra é Ré, depois temos o Mi, o Fá, o Sol, Lá e Si. Daí elas se repetem numa altura diferente. Quando vou para a direita as notas ficam mais agudas e se venho para a esquerda as notas vão ficando mais graves.

Fauê então pergunta:
– E essas teclas pretas?

– Ah! Nesses casos o som da tecla branca vai subir um pouquinho e vai ficar um pouco mais agudo. Mas esse som vai ter o mesmo nome que tinha na tecla branca só que eu coloco na frente dela um sinal chamado sustenido.
Daí nós vamos ter Dó#, Ré# e assim por diante.

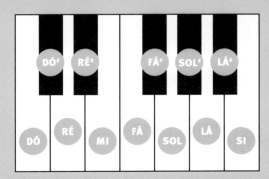

– Por enquanto vamos ficar só com as sete notas. – Disse Muska.

– Mas nós ouvimos tantos sons diferentes. O piano da vovó tem muito sons. – Emendou Solé.

– A flauta da minha mãe também tem. – Lembrou-se Siri. Cada vez que ela coloca a mão em um furinho e sopra sai um som diferente.

ÁUDIO 26

– O meu pai toca violão e eu ouço uma música que dura uma eternidade. Como pode termos só 7 sons? – Questionou Fauê.

ÁUDIO 27

– Hoje a vovó produziu vários sons no piano. – Contou Dódi.

– É verdade, nós temos sete sons que vão escritos nas partituras e são chamados de notas musicais. O mundo inteiro conhece essas notas e com elas escrevemos quase todas as músicas que ouvimos diariamente.

– Só 7? Mas eu ouço tanta música. Como pode? – Indagou Dódi.

– Crianças, vocês não têm apenas 26 letras para escrever todas as palavras que existem no mundo? Vejam as letras que formam o nosso alfabeto.

A B C D E
F G H I J K
L M N O P
Q R S T U
V W X Y Z

– É verdade, Muska. Meu nome tem só três letras – S, R, I, mas com elas eu posso escrever outras palavras. Por exemplo: ir, Iris, si, ri.

– É verdade! P é uma letra, A é outra letra. Se eu juntar as duas, posso escrever Papa, pá, apa... Juntando as letras eu posso escrever várias coisas. – Disse Renê.

– Na música acontece a mesma coisa. Temos apenas sete notas que formam o alfabeto musical: Dó, Ré, Mi, Fá, Sol, Lá, Si, disse Muska. Juntando estas notas formamos muita música, no Brasil, na Europa e nos Estados Unidos. Tanto na China, como no Brasil, todos os compositores utilizam as mesmas notas para compor músicas e elas produzem o mesmo som no mundo todo.

DÓ RÉ MI FÁ SOL LÁ SI DÓ

— Vejam que música bonitinha eu posso fazer com essas notas.

**A VOVÓ FOI COMPRAR DOCE
NA VENDINHA DO JOSÉ
COMEU TANTO, TANTO, TANTO,
FOI PARAR NO HOSPITAL.**

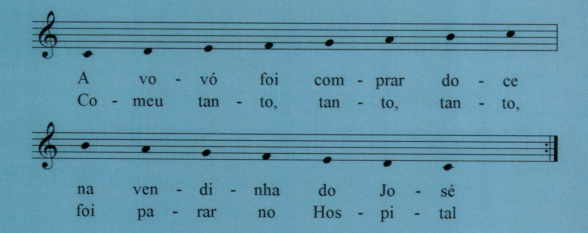

A vo-vó foi com-prar do-ce
Co-meu tan-to, tan-to, tan-to,
na ven-di-nha do Jo-sé
foi pa-rar no Hos-pi-tal

– Vocês já observaram que a primeira sílaba do nome de cada um de vocês corresponde ao nome de uma nota musical? – Revelou Muska.

– Como assim? – Surpreendeu-se Renê.

– Vejam, DÓdi, REnê, MIaû, FAuê, SOLé, LAda, SIri.

– É verdade. – Exclamou Fauê com sua barriguinha exposta e o seu gorro virado.

– Isso vai ajudá-los a memorizar as notas. Para vocês se lembrarem dessa escadinha, basta vocês formarem uma fila e decorar qual o amigo que está na frente. Por exemplo, na fileira o Miaû fica depois do Renê e o Renê depois da Dódi. Dessa maneira vocês vão decorar o alfabeto musical com muita facilidade.

As crianças fizeram a fila e decoraram a sequência das notas. De repente Lada fala para o grupo.
– Gente eu estou com fome, nós não vamos comer?

– Oh Lada! Ainda bem que você falou, eu estava com vergonha de dizer, mas eu também estou com uma fome de arrasar. – Disse Fauê.

– É mesmo. – Completou Muska. – Eu me esqueci do horário. Já é tarde, vamos levar os lanches para o jardim?

As crianças mais do que depressa ajudaram a jovem a preparar a mesa. Estavam famintas, comeram e beberam tudo que havia. Fuça aproximou-se do grupo, certo de poder participar daquele banquete. Muska com sua flauta doce executou algumas músicas, depois ensinou as crianças a manusear este instrumento.

ÁUDIO 29

Foram muitas as risadas, o corre-corre, a cantoria.

Dódi e Lada brincaram de rodopiar. Os meninos pulavam um em cima do outro e circulavam pela grama. Cantaram uma porção de músicas engraçadas que a Muska ensinou.

A brincadeira só foi interrompida quando Tião chegou com o seu furgão. No retorno para casa, tal era a canseira que a turma toda adormeceu. Foi um custo retirar a criançada do veículo.

AS NOTAS MUSICAIS

ÁUDIO 31

No dia seguinte as crianças não acordaram cedo. Todas dormiram nos colchões improvisados da vó Dindá, tal foi a canseira. A velhinha andava com pés de seda para não fazer nenhum barulho. Só assim ela pode trabalhar sossegada. Tião lavou seu furgão, deu comida para a bicharada, trouxe os ovos do galinheiro, regou as plantas. Mesmo assim ele sentiu a falta da turma que, entre risos e estardalhaço, ajudava a dar milho para as galinhas, jogar as cascas de melancia no chiqueiro dos porcos, pegar os ovos, tirar o leite e recolher as verduras e legumes para o almoço. Nesse momento ele lembrou um antigo ditado do seu avô: "Serviço de criança é pouco, mas quem despreza é louco.

Fuça andou pelas redondezas à procura de ossos e insetos e depois auxiliou o Tião a pegar um frango que havia fugido do galinheiro. A paz reinava na casa, só a natureza e o barulho dos animais sonorizavam o ambiente. O vento murmurava baixinho, as maritacas produziam um som intenso e ardido, a represa entoava o som dos peixes comendo as frutinhas da margem e as folhas das árvores dançavam graciosamente. Neste momento o bom caseiro imaginou o barulho que a criançada não estaria fazendo se estivessem acordados. Um turbilhão sonoro ecoou pela casa quando eles despertaram. Barulho no banho, na mesa do café, nas escadas, correria, gargalhadas, comentários – uma verdadeira e engraçada poluição sonora.

Na mesa do café Dódi fala
para a avó.
– Vó, nós nos divertimos muito
ontem na casa da Muska. Ouvimos
muita música, ela mostrou como
se toca uma flauta, cantamos,
corremos pelo jardim. Foi muito
bom. Ela ensinou uma porção de
músicas novas, superdivertidas.

– Que ótimo. O que mais vocês
aprenderam?

– As notas musicais. Imagine vó
que nós temos só sete notas para
fazer todas as músicas! Não é
um barato?

– Com certeza. – Concordou vó Dindá.
– E o que vocês vão aprender hoje?

– Não sabemos. Na hora ela
sempre ensina alguma coisa legal.
Sabe, vó, ela tem a mesma
paciência da senhora para ensinar.
Quando eu for adulta quero ser
professora como ela.

– Eu não. Quero ser guitarrista. –
Contrapôs Fauê. – Adoro aquele
som estridente da guitarra, aquele
barulho. Quero tocar a guitarra bem
forte. Deixar todo mundo surdo.

– La vem o Fauê com suas ideias
mirabolantes. Eu quero ser
engenheiro. – Proclamou Siri.

Vó Dindá comenta:
– Que bom! Então vocês
já aprenderam a colocar as
notas no papel?

– Não, ela só ensinou a sequência
das notas e algumas músicas para
nós memorizarmos o som que elas
produzem. Foi muito legal. Nós
cantamos uma porção de música.
Não é tão difícil, eu já aprendi
a cantar os sete sons subindo e
descendo. Quer ouvir, vó? É como
subir e descer uma escadinha.

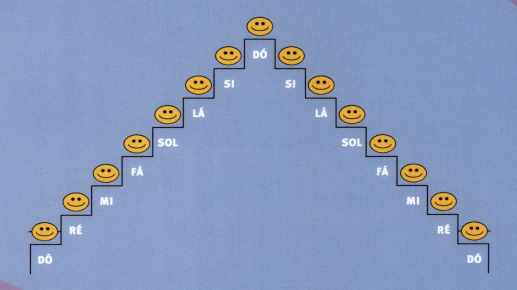

— Como vocês estão indo rápido. Isso é ótimo. Muska é uma ótima professora.

— Vó, a tarde nós vamos na casa dela, a senhora faz uns lanchinhos? — Pediu Dódi.

— Eu fiz um bolo gostoso e refresco de pitanga, querem mais alguma coisa?

— Eu gosto tanto dos sanduíches de queijo que a senhora faz! — Elogiou Lada.

— Está certo, eu vou fazer alguns. Vocês ajudaram a Muska a guardar as coisas que usaram?

— Não deu tempo. O Tião chegou e nós estávamos tão cansados. — Justifica-se Miaû sem graça.

— Coitada! Vocês precisam ajudá-la. Cada um fazendo um pouquinho, todo mundo sai ganhando. — Recomendou vó Dindá.

— Está bem, hoje nós vamos ajudar a Muska. — Disse Siri. — Podemos ir com nossas bicicletas?

— Tudo bem. Vocês parecem que nasceram grudados nelas! Vocês não se cansam? Mas o Tião vai buscá-los porque vocês chegam sempre muito tarde. — Decidiu vó Dindá.

41

Ao chegarem à casa da jovem, ela estava na cozinha às voltas com os preparativos do lanche da tarde. Lembrando os conselhos da vó Dindá, as crianças mais do que depressa começaram a ajudá-la. Colocaram a toalha, as comidas e os refrescos na mesa, pegaram os talheres, a água.

– Que bom, uma ajuda é sempre bem-vinda. Antes de devorarmos essas maravilhas, vamos aprender a colocar as notas no pentagrama?

– Bem que a vovó disse que hoje você ia ensinar isso para nós. – Argumentou Dódi. – Muska, o que é mesmo pentagrama?

– É um conjunto de 5 linhas onde você coloca as notas musicais. Nós vamos ver isso daqui a pouco. – Comunicou Muska.

– Por que é importante escrevermos os sons? – Perguntou Lada.

– Vocês não escrevem as letras e as palavras nos cadernos?

— Da mesma maneira, escrevemos os sons no pentagrama. É essa escrita que chamamos de partitura. Ela é o caderno onde escrevemos nossas músicas. Vejam esse pentagrama – cinco linhas unidas por este sinal que é chamado de Clave de Sol. Nesse espaço nós vamos colocar as notas musicais.

Enquanto as crianças olham a figura, Fuça inicia uma caçada ferrenha contra um gato das redondezas. Ele foge pelo gramado como se fosse um estopim. As crianças acostumadas com essas artimanhas do cão continuam a observar a imagem pacificamente.

— Por que você não usa os números que o Renê colocou naquela música que nós fizemos? – Indagou Siri.

— Siri, você vai perceber que é muito mais fácil escrever as notas nessas linhas, do que usar números. Cada linguagem tem sua escrita própria. A matemática utiliza os números, a linguagem verbal as letras, a pintura e o desenho usam o traçado colorido. Temos muito mais números do que notas musicais, muito mais letras do que notas musicais. Na música essas linhas são mais do que suficientes para colocarmos as 7 notas musicais.

– E para que escrever as notas se a música é feita com sons? – Completou Fauê.

– Ouvir um som não impede que ele seja colocado no pentagrama. O som é invisível, mesmo assim ele ocupa um lugar. Todos nós ocupamos um lugar. Vocês não veem o sangue percorrer o corpo, mas ele existe, ele fica dentro do nosso corpo. Vocês não veem os seus músculos, mas eles existem dentro de vocês. Vocês não veem os seus pensamentos, mas sabem que eles existem. Vocês não veem o seu coração, mas são capazes de ouvi-lo bater dentro de seus corpos, não?!

– É verdade. Eu não vejo o vento, mas ele faz barulho, por isso eu sei que ele existe. – Concluiu Miaû com seus olhinhos rasgados.

– Então, crianças, o mesmo ocorre com os sons. Eles estão na natureza, eu não os vejo, mas sei que eles existem, porque posso ouvi-los e se quisermos representá-los visualmente eles precisam estar escritos no pentagrama.

– Eu concordo com o Fauê, se eu posso ouvir os sons, para que escrever? – Provocou Lada.

Muska ri e diz:
– Não basta ouvir os sons. É preciso saber como eles são escritos. Você já imaginou como seria complicado se todos nós cantássemos e não escrevêssemos nossas músicas? Como as pessoas poderiam conhecê-las?

– Mas nós temos gravador, celular, MP3, smartphone, tablets! – Gabou-se Fauê. – Olha só, nós gravamos a música que trouxemos para você em nosso celular!

– Eu sei, e se não existisse nem gravador, nem computador, nem MP3, como vocês poderiam conhecer uma música da China se ela não fosse escrita? Como você poderia cantar uma música de 500 anos atrás? Hoje nós temos aparelhos eletrônicos que permitem gravar, ouvir e criar músicas, mas, imaginem há muitos e muitos anos atrás, quando não existia nada disso? Como ouvir uma música criada em um país bem distante do nosso?

— É verdade! — Exclamou Solé.

— Então... Foi nesta época, quando não existia nem gravador, nem computador, que os músicos começaram a escrever suas músicas. Era a única forma de preservar as melodias e fazer com que as pessoas de outros locais e de outros tempos pudessem conhecê-las. Da mesma forma que eles escreveram os números e as letras do alfabeto, eles escreveram as notas.

— E por que hoje nós ainda continuamos a escrever nossas músicas, se temos tantos aparelhos que gravam? – Perguntou Dódi.

— Quando a música está escrita na partitura nós podemos executá-la em qualquer momento e em qualquer lugar. Todos poderão executar aquilo que está escrito nesta partitura, basta conhecer a grafia musical.

— Vejam que coisa maravilhosa? Vocês não compreendem a escrita de um menino javanês, mas se ele escrever uma música, vocês poderão executá-la. Isso é muito bom. Por exemplo, uma criança da China pode ler uma partitura escrita aqui no Brasil, mesmo sem compreender uma palavra sequer do que vocês escrevem.

— É! Está certo! — Convenceu-se Miaû.

– Por isso é importante escrever os sons. A nossa escrita musical guarda boa parte das músicas do mundo. Graças a ela nós podemos cantar, tocar e ler uma melodia de qualquer lugar e de qualquer época. Se não tivéssemos uma escrita musical não teríamos como executar as músicas do mundo. Escrever os sons no pentagrama é o mesmo que colocar cada som em sua respectiva casa. Vocês não moram na casa da vó Dindá?

– Nós dois moramos em São Paulo – disse Dódi –, só estamos passando as férias na casa da vovó. O Fauê, a Lada e o Miaû moram aqui perto, o Renê e o Siri moram perto da minha casa lá em São Paulo.

– Mas todos vocês têm uma casa, não? Os sons também. Vejam! Este som que eu vou tocar no piano mora nessa linha. Cada som ocupa um único lugar. – Disse Muska.

– Muska, a partitura que você mostrou outro dia tinha outros desenhos. Ele não usava só essas bolinhas. – Disse Siri.

46

— É verdade, Siri. Bem observado. Eu utilizei esse desenho, mas existem outros. Na verdade eu poderia utilizar estrelas, quadrados, vírgulas, pontos, qualquer coisa para escrever as notas no pentagrama. O importante é saber que cada som ocupa um lugar e sempre que ele estiver nesse lugar, vocês vão ouvir o mesmo som. O som nessa linha será sempre o mesmo. Vejam essa partitura antiga. As notas têm outro desenho mas o som é o mesmo. Só muda a forma de escrever.

— Que forma de escrever mais complicada! – Estranhou Fauê.

— É complicado para nós, mas naquela época os músicos entendiam tudo que estava escrito nessa partitura. Hoje a escrita musical é bem mais simples. O mesmo acontece com os nossos textos escritos. Vejam como essas páginas escritas na Antiguidade eram mais complicadas de se ler do que a nossa.

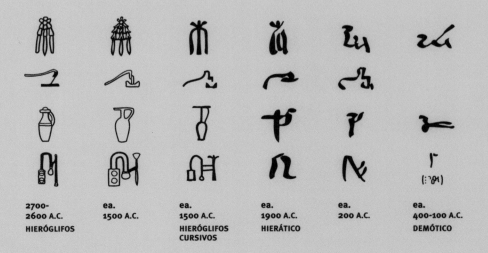

2700-2600 A.C. HIERÓGLIFOS | ea. 1500 A.C. | ea. 1500 A.C. HIERÓGLIFOS CURSIVOS | ea. 1900 A.C. HIERÁTICO | ea. 200 A.C. | ea. 400-100 A.C. DEMÓTICO

47

– Muska, eu não consigo escrever o som que eu canto na partitura. Como você consegue cantar um som e escrever este som na partitura?

– Isso vai acontecer gradativamente. Por enquanto vocês vão ter de ouvir os sons nos instrumentos até conseguir cantar todos eles sem o auxílio deste instrumento. Crianças, vocês começaram a aprender música outro dia, têm que ter calma. Não se aprende tudo de uma vez.

– Se vocês observarem, com as letras acontece o mesmo. Cada letra produz um som. No momento em que você escreve a letra, o som dela já se reproduz em nossa cabeça. Ou seja, eu sei a letra e o som que eu vou ouvir quando soletrar aquela letra. Por exemplo, quando escrevo a letra A, eu já sei que som eu vou ouvir. Na música acontece o mesmo, ou seja, para eu ouvir os sons musicais eu tenho que cantar ou tocar aquele som em um instrumento e com o tempo, eu vou poder ouvir esse som lá no fundo do meu cérebro, como eu posso ouvir o som das letras e dos números.

Lada, surpresa, diz:
– Eu nunca tinha percebido isso, Muska.

– Mas agora que vocês já sabem todas essas coisas, vamos nos divertir um pouco. Será que o Fuça já chegou da sua caçada? Vamos chamá-lo e depois comer o nosso lanche.

ÁUDIO 33

AS NOTAS NAS CLAVES

Dódi acordou intrigada. Muitas dúvidas acompanhavam seus pensamentos. Ela havia entendido quase tudo que Muska ensinara, mas alguma coisa ainda precisava ser esclarecida. Quem sabe sua avó poderia ajudá-la?

– Vó, a senhora pode me explicar algumas coisas que a Muska falou e eu não entendi bem?

– Claro, minha neta. Vamos lá.

– Ela disse que nós só temos 7 notas para escrevermos os sons no pentagrama. Só que ela colocou muito mais que 7 notas na pauta. Como pode? Então nós temos mais do que sete notas, não é?

– Não, querida, realmente temos só sete notas, mas elas se repetem em diferentes alturas da pauta ou pentagrama. Você já notou como temos sons mais grossos e sons mais finos? Se todos os sons fossem escritos no mesmo lugar da pauta, como saberíamos se um som deve ser tocado mais grosso ou mais fino? Para resolver esta questão, escreve-se o som em diferentes lugares da pauta ou pentagrama. Quanto mais acima da pauta o som está escrito, mais fino ele vai soar. Chamamos estes sons "finos" de sons agudos. Agora, se queremos que o som seja mais "grosso" (sons graves), escrevemos mais para baixo da pauta. Então, temos de fato apenas 7 sons. Vamos pegar o som do Dó, por exemplo. Você pode ter um Dó médio (que não é nem tão agudo, nem tão grave); pode ter um Dó mais agudo do que este. Então você tem que escrever este Dó mais para cima da pauta. Se quiser um mais agudo ainda, tem que escrever mais acima! Se quiser um grave, tem que escrever abaixo daquele Dó médio. É assim que funciona!

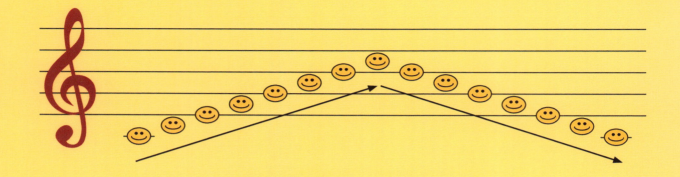

— Certo, vó, a Muska disse o mesmo. Cada som ocupa um lugar no pentagrama e ele sempre vai soar do mesmo jeito enquanto estiver na mesma linha ou no mesmo espaço do pentagrama. Ela disse até que nós não precisamos escrever os sons só com bolinhas, podemos usar qualquer desenho para colocar os sons na pauta. Ela mostrou uma partitura antiga que usava outros desenhos para representar os sons e disse que os sons que estavam naquela linha eram os mesmos que nós ouvimos hoje. Eu não entendo isso, vó! Eu não entendo muito bem quando um som sobe e desce na pauta. Eu estou meio atrapalhada!

— Vamos para o meu piano que você vai entender tudo.

— A Muska ensinou vocês a cantar as sete notas seguidas?

— Sim, ela até ensinou. Vó, você sabia que a primeira letra dos nossos nomes é a mesma de cada uma das notas?

— É verdade! Eu não havia pensado nisso! Mas vamos resolver o seu problema, eu vou tocar essa sequência de 7 notas em vários locais do piano e você vai me dizer se elas produzem um som grave, um som agudo ou um som médio, certo?

Vó Dindá tocou para a neta as sete notas no centro do piano; depois tocou as mesmas notas mais abaixo do teclado, ou seja, do lado esquerdo do teclado e, mais acima, do lado direito do teclado. Dódi respondia se aqueles sons estavam numa altura grave, aguda ou média e não errou nenhuma vez.

– Ótimo, Dódi. Você percebeu que a sequência de notas é a mesma em qualquer lugar do teclado, mesmo soando mais grave ou mais aguda?

– É verdade. Eu sempre ouço os mesmos sons, só que às vezes eles são graves, outras vezes agudos e outras vezes não são nem tão graves nem tão agudos.

– Ótimo. Nesses casos eles são chamados de sons médios. Então você percebeu que a sequência das notas é a mesma, só muda a altura dos sons. Se tocarmos esses sons, um depois do outro, como se estivéssemos subindo uma escadinha, a sequência de 7 notas fica mais aguda. Mas se eu descer a escadinha, a sequência vai ficar mais grave.

– Ah! Agora eu entendi. Como os sons vão estar em alturas diferentes eu tenho que escrever as notas que representam esses sons em lugares diferentes, porque senão eu vou ouvir sempre o mesmo som na mesma altura. Mas vó, então eu tenho que ter uma infinidade de linhas para escrever essas notas?

– Mais ou menos.

– Vó, olha quantas teclas tem esse piano! Eu vou ter que ter uma linha para cada nota? – Questionou Dódi.

— Não é bem assim. A Muska ensinou vocês a escrever as notas no pentagrama?

— Ensinou, olha esse desenho em que eu fiz com as notas. Ela disse que cada vez que uma nota sobe ela fica mais aguda e quando desce ela fica mais grave.

— Isso mesmo. Você viu que a sequência sempre é a mesma: Dó, Ré, Mi, Fá, Sol, Lá e Si, daí começa tudo de novo. Nós chamamos essa sequência de escala. Escala lembra escada, certo? Então, temos escadinhas que sobem e descem. Imagine que você está subindo os sete degraus da escada que leva aos quartos e depois você vai descer esses mesmos degraus. Quando você sobe a escada nós temos uma escala ascendente, quando você desce os degraus, temos uma escala descendente.

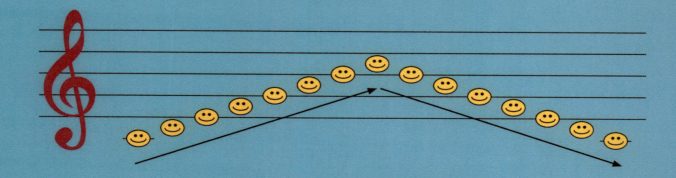

– Se você pensar dessa forma, tudo vai ficar mais fácil. Veja, se eu subir de Dó para Ré, e nós já vimos que quanto mais para cima, mais agudo é o som, então a nota Ré vai ser mais aguda que o Dó. O mesmo vai acontecer se eu subir de Ré para Mi. Depois que eu subir todos os degraus da escada eu posso descer e daí vamos nos dirigir cada vez mais para as notas graves. Certo?

– Ah! Agora eu entendi. Quando eu descer eu vou ter uma escala descendente que vai ser Si, Lá, Sol, Fá, Mi, Ré, Dó. – Disse a neta.

– Isso mesmo, Dódi. Agora vamos para o seu desenho com as notas. Responda para mim. Se eu subo com essas notas, o som vai ficar mais agudo ou mais grave?

– Vai ficar mais agudo e quando eu descer vai ficar mais grave. Só que eu ainda não entendi como vou colocar nessas cinco linhas todas as escalas que a senhora tocou no piano!

– A Muska ensinou as Claves para vocês?

– Ela só disse que junto com o pentagrama vão uns sinais que ela chamou de Clave de Sol e Clave de Fá, mas não disse o que elas faziam.

– Tudo bem. As Claves servem para dar nome às notas, mas isso a Muska vai ensinar mais tarde. Por enquanto, vou apenas dizer que na linha que a Clave de Sol começa a ser escrita vamos ter uma nota que vai receber o mesmo nome desta Clave, ou seja, a nota sol. O mesmo acontece com a Clave de Fá. Então vamos pensar juntas! Se eu coloco essa nota aqui nessa linha, ela vai ter sempre o mesmo som, não?

– É! Foi assim que a Muska disse.

— Se eu colocar uma notinha acima da linha do sol, o som vai ser mais agudo ou mais grave?

— Vai ser mais agudo.

— Então vamos colocar essa outra nota nesse espaço, certo? Que nome terá essa nota?

— Nota Lá.

— Isso mesmo. Se você seguir com o desenho vamos ouvir o resto da escalinha. Então teremos as notas Si, Dó, Ré e assim por diante.

— E quando acabar as linhas do pentagrama? – Perguntou Dódi.

— Eu coloco umas linhas bem pequenas em cada uma das notas que acrescentar. Veja essa partitura. Está vendo essa nota com essa linha no meio, é como se eu tivesse escrito outra linha no pentagrama. Isso acontece tanto para cima do pentagrama como para baixo.

— Vó, mas se eu colocar essas linhas pequenas acima ou abaixo do pentagrama em cada nota que tem no piano, eu não vou parar de colocar linhas. Eu posso chegar até o infinito! Tem que ser assim mesmo, vó?

— Não é bem assim. Vai depender da Clave que você usar. Com certeza a Muska vai ensinar isso para vocês hoje. Se você não entender eu explico depois. Você compreendeu tudo que eu disse até agora?

— Tudinho. Vó, eu adoro a senhora!

Vó Dindá emocionada abraçou a neta com carinho.

— Vó, eu vou ensinar isso para os meus amigos, porque eu tenho certeza de que eles também ficaram com as mesmas dúvidas, só não tiveram coragem de perguntar.

— Faça isso, minha neta. Quanto mais você ensinar os amigos, mais claras as coisas vão ficar na sua cabecinha. Além do mais, como você quer ser professora, essa é uma maneira de já estar praticando. Na casa da Muska, a menina encarregou-se de ensinar tudo o que havia aprendido para os amigos. Só faltou colocar os óculos da avó. Muska ouviu a lição atentamente e quando a menina terminou, disse para a Turma:

— Meu Deus, eu já tenho uma auxiliar. Lindo, Dódi!

A menina não escondeu o orgulho de ter ensinado o que aprendeu. Muska, por sua vez, feliz com os acontecimentos, volta a mostrar para o grupo um desenho com as Claves de Fá e de Sol e as notas em cada uma das Claves. Antes mesmo de começar a falar, Fauê comunica:

— Eu esqueci qual o nome desses sinais.

– São as Claves. Elas é que vão dar nome às notas que estão no pentagrama. Por isso, vocês não podem começar uma música sem saber que Clave está sendo utilizada. Dependendo da Clave que usarem, o som pode ser mais agudo ou mais grave, a nota pode ser uma ou outra. Nós temos uma Clave para as notas mais agudas e outra para as notas mais graves. Na verdade nós temos muitas Claves, as mais utilizadas são a Clave de Sol que trabalha com as notas mais agudas e a Clave de Fá que trabalha com as notas mais graves, por isso ela fica abaixo da Clave de Sol.

Vocês lembram que a Dódi informou que cada vez que nós colocarmos as notas para cima nós teremos sons mais agudos e se colocamos para baixo teremos sons mais graves? Então, para cima – Clave de Sol, para baixo – Clave de Fá.

– É, eu me lembro. – Falou Siri.

– Vocês vão perceber que as mulheres e as crianças produzem sons mais agudos, então, as notas que elas conseguem cantar ficam na Clave de Sol. Como os homens produzem sons mais graves, as notas que eles cantam ficam na Clave de Fá. Se a Clave de Sol trabalha com notas de som mais agudo ela fica acima da Clave de Fá que trabalha com sons mais graves. Lembrem-se das setas: para cima temos sons agudos, para baixo, sons graves.

– Ah, entendi. – Alegrou-se Fauê.

– Então é muito importante colocar a Clave no começo do pentagrama. Se eu colocar uma Clave de Sol no começo do pentagrama os sons vão ser mais agudos, se eu colocar a Clave de Fá os sons vão ser mais graves. A Clave de Sol é boa para a Dódi, que tem uma voz muito estridente!

– Melhor a minha do que a sua, com essa voz grossa! Parece um trovão!

– A Clave de Sol, por exemplo, começa na segunda linha, então a nota que fica nessa linha vai se chamar Sol também, a partir dela vocês vão formar o resto da escadinha para cima e para baixo. Então acima do Sol temos o Lá e abaixo o Fá. Entenderam?

– Eu entendi, mas não sei como desenhar essa Clave. Disse Renê.

– Tudo bem, vejam como ela parece um S invertido. Na segunda linha vocês começam desenhando um caracol, depois vocês continuam até formar o 'S' e terminam como outro caracol menor lá embaixo. Quem quer fazer esse desenho?

Todos se candidataram e quando terminaram, Muska ensinou a turma a desenhar a Clave de Fá.

– A Clave de Fá é bem mais fácil. Ela começa na 4ª linha e termina aqui embaixo.
Da mesma maneira, a nota que começa na linha da Clave de Fá vai se chamar Fá. Vamos ver as notas seguintes? Para cima teremos Sol, Lá, Si e Dó. Para baixo: Mi, Ré, Dó, Si, Lá, Sol, Fá.

Lada olhou novamente o desenho e apontou para uma nota que ficava entre a Clave de Sol e a Clave de Fá.

– Muska, por que essa nota é diferente?

– Essa é a nota Dó. Ela tanto é Dó para a Clave de Sol como para a Clave de Fá. Subindo ou descendo a escadinha nós chegamos nesta nota. Nós chamamos essa nota de Dó Central, porque ela é comum tanto para uma Clave como para a outra. Na verdade ela une um pentagrama ao outro. No piano essa nota fica bem no meio do teclado. Vejam?

– Agora que vocês já sabem onde fica o Dó Central no piano, vocês vão poder tocar a sequência de notas que fica acima dele e as que ficam abaixo dele. Ao mesmo tempo, vão escrever essas notas no pentagrama. Vejam como vocês já sabem escrever e tocar no piano essa quantidade de notas que estão escritas nesses dois pentagramas?

– Gente, que lega! Disse Dódi. Eu já posso tocar uma escala ascendente e descendente no piano. Muska, se eu colocar mais notas nas duas Claves eu também posso continuar a tocar essas notas no piano, não? E se acabarem as linhas eu posso colocar as linhas que a vovó ensinou e tocar todos os sons do piano, não?

– Isso mesmo Dódi. Viu como é fácil escrever as notas e cantar os sons delas no piano?

– Eu posso escrever essas notas até o infinito, não?

– Não é necessário, nossos ouvidos não conseguem ouvir tantos sons assim. Vocês sabiam que o Fuça pode ouvir mais sons do que todos vocês? – Revelou Muska.

– A vó Dindá já explicou isso para nós. Ela não gosta de soltar bombas perto do Fuça, porque senão ele pode ficar surdo de tanto barulho. O ouvido dele é mais sensível que o nosso. Ele ouve coisas que nós não conseguimos ouvir. – Informou Dódi. – Ela também não quer que a gente ouça música muito alta. Sabe, Muska, a vó Dindá tem um ouvido tão sensível, qualquer barulho deixa ela meio surda. Ela escuta muito!!!

– É verdade, Dódi? – perguntou Muska, rindo. – Agora vamos interromper a nossa conversa e procurar o Fuça.

– Não adianta, Muska, ele ficou com o Zé Tião para ajudá-lo com os bichos. – Informou Solé.

– Ok. Então vamos para o nosso lanche da tarde. Hoje vocês já aprenderam muita coisa.

ÁUDIO 37

CONSTRUINDO INSTRUMENTOS DE PERCUSSÃO

ÁUDIO 38

Na manhã seguinte, enquanto vó Dindá preparava doces com frutas colhidas na fazenda, Solé e Dódi foram com o Zé Tião na vendinha comprar quinquilharias. O caseiro havia prometido no dia anterior levar os meninos para um passeio a cavalo e, mais tarde, eles iriam montar pipas. Diante disso, Solé não desgrudou do velhinho nem um instante.

Assim que chegaram da vendinha, Renê e Siri já os esperavam para a montaria. Fauê e Miaû, muito contrariados, ficaram em suas casas para ajudar os pais nos serviços da fazenda.

Dódi, mais do que depressa, telefonou para Lada. Ela queria terminar as bonecas de pano que estavam fazendo para o teatrinho que iriam montar no jardim do Rancho. Lada, na mesma hora, veio com a sua bonequinha velha.

Tião ficou com os meninos e o Fuça até a hora do almoço. Na mesa vó Dindá perguntou:
– O que vocês estão planejando para esta tarde?

– Hoje nós não vamos na casa da Muska, vamos empinar pipa com o Zé Tião. Vó, corta uns gomos de cana para nós comermos no caminho? – Pediu Solé.

– Tudo bem, mas vocês não vão comer o doce de laranja que eu fiz?

– Hum! Que gostoso! – Falou Renê. – Eu adoro doce de laranja.

– Pensei que mais tarde eu poderia ensiná-los a construir alguns instrumentos de percussão feitos com sucata. Que tal?
Eu tenho copinhos de plástico, latinhas de refrigerantes, casca de coco, pregos, feijão, arroz, tampinhas de garrafa, pedrinhas, canos de PVC, madeira, tintas. No sótão eu também guardei alguns instrumentos de percussão. Com esse material vocês poderão construir muita coisa – muita coisa mesmo, e ainda usar os instrumentos de percussão que eu guardei. Vejam nesta gravura quantos instrumentos de percussão existem. Alguns deles podem ser feitos com esse material.

– Que legal! Vó Dindá, que instrumentos nós podemos fazer? – Perguntou Renê.

– Vocês podem fazer um pau-de-chuva, pandeirinhos, clavas, guizos...

– Vocês poderão fazer chocalhos com latinhas de refrigerante, reco-reco com pau de vassoura. É muito bom fazer instrumento de percussão com sucata.

– Que legal! Dá para tocar algumas músicas com esses instrumentos? – Perguntou Renê.

– Claro que sim.

– Oba, então nós vamos montar as pipas rapidinho e logo voltamos. A Dódi e a Lada podem chamar o resto da turma?

– Tudo bem, assim que vocês chegarem nós começamos e o Tião pode nos ajudar. – Disse vó Dindá.

Em pouquíssimo tempo montar pipas deixou de ser uma tarefa interessante. Logo os meninos abandonaram essa atividade e retornaram para o Rancho. Vó Dindá já havia colocado o material que eles iriam utilizar na mesa e um livro que ensinava como construir instrumentos de sucata.

Durante a tarde eles aprenderam a construir chocalhos com as latinhas de refrigerantes, fizeram um pau de chuva com um pedaço de cano de PVC velho, construíram algumas maracas com as cascas de coco. As meninas, enquanto isso, pintaram as latinhas, pregaram as fitas coloridas nos pandeiros e escolheram as sementes e grãos que iriam em cada instrumento.

No começo da noite, a mesa da varanda estava repleta de chocalhos, maracas e pandeiros. O pau de chuva pintado por Lada e Dódi estava lindo. Mais do que depressa as crianças separaram todos esses instrumentos para levar na casa da Muska no dia seguinte e, enquanto os pais de Lada, Fauê e Miaû não chegavam para pegá-los, a criançada foi brincar de videogame.

Enquanto eles se divertiam, Zé Tião e vó Dindá caíram num sono só, tal a canseira do dia. Quando acordaram a criançada ainda brincava na sala; só então eles perceberam o quanto estavam velhos.

No dia seguinte, as crianças orgulhosas mostraram seus instrumentos para a jovem.

– Muska, a vovó falou que nós podemos formar uma bandinha com esses instrumentos. Ela não teve uma ideia genial? Dentro dos chocalhos nós colocamos arroz, feijão, milho, pedrinhas. Cada um ficou com um som diferente.
O nosso pau de chuva ficou bonito, não? Olha que som lindo ele tem.

ÁUDIO 39 🔊

– A Lada e a Dódi que pintaram. O Fauê fez esta maraca. Ela não tem um som legal?

ÁUDIO 40 🔊

Foi tudo feito com sucata. A vovó emprestou este triângulo e este agogô.

Muska, ela tem um quarto cheio de instrumentos, eu achei até essas castanholas. Nós queríamos fazer um tambor grande, mas não deu tempo.

– Muito bom! Vocês fizeram até as baquetas! Que maravilha! Que cores lindas! Podemos montar uma bandinha com instrumentos de sucata bem interessante, mas para isso vocês terão que aprender a duração dos sons.

– Muska, como se faz uma bandinha? – Perguntou Fauê.

– Ah! Ela é feita com uma porção desses instrumentos que vocês fizeram. As escolas infantis geralmente têm bandinhas. Elas auxiliam as crianças a aprender a duração dos sons, o timbre, uma porção de coisas. Vocês vão aprender isso mais tarde. Numa bandinha nós temos reco-reco, chocalhos, castanholas, pandeiros, agogô, pau de chuva, uma porção de instrumentos de percussão. Que tal brincarmos com esses instrumentos que vocês fizeram hoje?

As crianças mais do que depressa começaram a brincar com os instrumentos. Mais tarde Muska ensinou as crianças a obter sons diversos com o próprio corpo. Foi uma tarde deliciosa, as crianças nem tomaram o lanche da tarde. Quando Tião veio pegá-los teve que esperar a turma comer rapidamente os sanduíches e sucos que Muska havia preparado.

ÁUDIO 42

MOVIMENTANDO O CORPO

ÁUDIO 43

O domingo acordou ensolarado. Dódi e Solé, ainda sonados, tomaram o café da manhã e partiram com Tião para dar comida aos bichos. A menina adorava a vida no Rancho. Gostava de alimentar a bicharada, ajudar a avó na horta, comer os frutos das árvores. Para ela, viver no campo era sinônimo de felicidade. Solé, mesmo gostando da vida da cidade, não imaginava nem um instante passar suas férias em outro lugar que não fosse a casa da avó. Ele adorava vó Dindá, os amigos do Rancho e as traquinices que inventava sem receber nenhum sermão. Ao retornarem dos compromissos foram até a avó.

– Vó, leva a gente para tomar um banho de cachoeira?

– Como hoje é domingo, nós vamos até a cachoeira e, mais tarde, pescar na represa. O Tião vai fazer uma comida gostosa no pesqueiro e ficaremos lá o dia todo. Acordem o Siri e o Renê e telefonem para o resto da turma. Não se esqueçam de colocar toalha, sabonete, roupa limpa, escova de cabelo, de dente e suas quinquilharias nas sacolas. Outra coisa! Vocês vão me ajudar a colocar tudo no carro. Na volta, já sabem, cada coisa no seu devido lugar. Não quero bagunça na minha sala.

– Tudo bem, vó, pode deixar, nós vamos fazer tudo o que a senhora quiser. Nós podemos subir nas árvores para colher fruta? – Disse Dódi.

– Hoje vocês podem colher frutas, jogar bola, brincar de estátua, pescar, fazer tudo que vocês têm direito.

Não demorou muito os amigos foram chegando e mal couberam no furgão velho, tantas eram as coisas que trouxeram. Ao chegar no local foram direto para a cachoeira sob o olhar atento da vó Dindá.

Mais tarde seguiram-na até o pesqueiro. Lá eles arrebentaram as varas de pescar da vovó, acabaram com o pote de ração dos peixes e de tanto barulho não pescaram nem um filhote, nem deixaram a vovó em paz.

Vó Dindá, que adorava pescar, sugeriu ao grupo que fosse ajudar o Tião a preparar o almoço.

– Crianças, por que não vão ajudar o Tião a colher verdura na horta e pegar frutas nas árvores para o nosso almoço?

– Bem pensado. – Disse Siri.

Só, então, vó Dindá pôde vivenciar o silêncio do lugar. Ao longe as folhas das árvores brincavam com o vento; os peixes dançavam graciosamente; as frutinhas dos arbustos caíam suavemente na encosta da represa; o canto dos pássaros alastrava-se pela superfície num crescendo e decrescendo contínuo; o sol por sua vez lançava raios cintilantes que ao contato da água pareciam estrelinhas reluzindo. Lá de longe vinha um burburinho suave de crianças correndo e brincando. De repente ela se deu conta de quão rico era o silêncio da natureza.

ÁUDIO 45

Do outro lado, Zé Tião experimentava uma sensação bem diferente. A turma já havia colhido as verduras na horta e agora estava colhendo os frutos nas árvores. O caseiro não sabia a quem acudir – Dódi na jabuticabeira ou Solé no pé de laranja. Miaû no topo do pé de seriguela, jogava frutinhas em quem por lá passasse e ria há bom tempo com sua proeza.

Fauê e Lada, gulosos como sempre, mais do que colher mangas se lambuzaram de tanto comer a fruta. Renê e Siri, com seus espíritos aventureiros e criativos, procuravam varas de bambu no mato para fazer pipas. O almoço que Tião deveria fazer foi ficando para trás e quando a fome chegou, a comida que vovó Dindá trouxe de casa, as verduras e as frutas colhidas pelas crianças foram apreciadíssimas.

Depois do almoço a turma resolveu brincar. Desenharam um quadro com um pedaço de carvão para pularem amarelinha. A Dódi, como sempre, foi a primeira. Durante o dia brincaram de cabra-cega, de pular corda, rodar o pião, de queimada e no final da tarde retornaram para a cachoeira, mais uma vez sob o olhar cuidadoso de vó Dindá.

Enquanto isso, Tião arrumou as coisas para retornar para o Rancho. Quando a turma chegou, a canseira era tanta que a tarefa de ajudar a vovó ficou para o outro dia.

ÁUDIO 46

UMA APRESENTAÇÃO MUSICAL IMPROVISADA

Dódi e Solé levantaram felizes, seus pais combinaram de visitá-los no Rancho. O sábado estava lindo, bem ensolarado. Vó Dindá preparou um almoço especial para recebê-los e os netinhos combinaram com os amigos de realizar uma apresentação musical no período da tarde, com tudo que haviam aprendido com a Muska e a vovó. Eles ficaram até tarde da noite discutindo como seria a apresentação.

– Vó, além da Muska, podemos convidar os pais e os amigos para a nossa apresentação?

– Mas é claro que podem. Vamos fazer uma apresentação bem bonita para seus pais e os nossos amigos. Eu agora vou cuidar dos quitutes que vamos oferecer e o Tião vai com o seu furgão convidar as pessoas. Seus pais vão ficar muito felizes.

– Vai ser legal, vó. A senhora vai ver como nós preparamos tudo direitinho. Disse a netinha.

– Eu sei, minha querida.

Quando os pais chegaram no Rancho, Solé e Dódi correram para abraçá-los. Fuça com o seu rabinho abanando, latia feliz. As crianças alegres, contaram tudo o que haviam feito nas férias e por último, falaram da apresentação musical. Depois do almoço, ninguém mais viu nem as crianças, nem o Fuça. Eles se esconderam no quarto e ninguém soube o que eles estavam aprontando.

Quando Muska chegou, as crianças mais do que depressa pediram sua ajuda. Vovó Dindá havia deixado um bom espaço na sala para eles montarem um palco pequeno.

À medida que os convidados chegavam, foram se espalhando pelos sofás num agradável burburinho. De repente, Fuça interrompe o vozerio, entrando com um cartão no pescoço pedindo silêncio. A apresentação ia começar.

Primeiro as crianças cantaram algumas melodias, depois executaram uma pequena melodia com as garrafas d'água.

Em seguida encenaram uma atividade imitando os sons da cozinha da vó Dindá. Nessa atividade eles reproduziram desde o som dos pratos até o ranger da porta. Havia ainda o som das maritacas, o vento batendo na janela. Muska auxiliou a turma o tempo todo.

Todos os convidados riram muito com essa atividade. Depois as crianças formaram uma roda em torno do palco e executaram alguns sons utilizando palmas, pés e sons produzidos com a boca. Finalizando, apresentaram seus instrumentos de sucata para os convidados.

ÁUDIO 48

Todos aplaudiram muito. Queriam saber como a turma havia construído aqueles instrumentos.

Eufóricas, as crianças responderam a todas as perguntas. Vó Dindá e Muska se entreolharam felizes com o resultado do trabalho. Os pais de Solé e Dódi não se cansavam de beijar seus filhos com alegria. Vó Dindá havia pedido para o Tião ir até a venda providenciar uns saquinhos de presente com apitos, bexigas, balas, confetes de chocolate e brinquedinhos de plástico, para oferecer para a criançada.

Em menos de um minuto o jardim da vovó Dindá parecia um formigueiro de crianças correndo por todos os lados com os brinquedos. Fuça ia de um lado para o outro pegar a bolinha que as crianças jogavam para ele, até que exausto, foi dormir num cantinho da casa. Havia crianças no balanço, outras brincando com piões, outras empinando pipas, outras correndo. Assim foi até o final da tarde.

Quando todos saíram, os pais de Solé e Dódi ajudaram vó Dindá a colocar as coisas no lugar e depois foram arrumar suas malas para voltar à cidade. Eles tinham que retomar suas atividades no dia seguinte.

Os netinhos ainda ficariam mais um tempinho na casa da vovó, até acabarem as férias. Mesmo tendo gostado de ver seus pais, estavam bem felizes de poder curtir mais um pouquinho as suas férias, a vovó tão querida e os ensinamentos da amiga Muska – ela era uma amigona.

Eles também pensaram como seria maravilhoso ainda o domingo, pois o Tião e vó Dindá iriam levar a turma inteira na quermesse da vila. Lá eles teriam muita coisa para fazer e uma porção de doces e quinquilharias para comprar, comer e brincar.

ÁUDIO 49

Todos os exemplos de áudios contidos nessa produção foram retirados do acervo pessoal da autora ou são resultado de pesquisas na internet, os quais são compostos por trilhas brancas ou fragmentos de materiais encontrados em sites como Youtube.com e/ou freesound.org. A disponibilização desses conteúdos nos sites de referência, apontados nesse livro, cumpre o papel de direcionamento e facilidade ao acesso e não possui nenhuma relação com direitos autorais, sendo portanto apenas uma referência aos originais, preservando-se assim a integralidade dos direitos dos proprietários das obras. As obras retiradas do acervo da autora estão referenciadas no website de referência. Qualquer exceção será mencionada também no mesmo web site.

1ª edição	novembro de 2015
impressão	Gráfica Forma Certa
papel de miolo	offset 120g
papel de capa	cartão supremo 250g
tipografia	Bree Serif e Meta Plus